AF435162

desalojo
de la
naturaleza

Juan ARABIA

buenosaires
poetry

Arabia, Juan
desalojo de la naturaleza,
Buenos Aires Poetry, 2018.
116p. ; 15x21 cm.
ISBN 978-987-4197-06-1
1. Poesía Argentina.

Editorial ©Buenos Aires Poetry.

Diseño editorial ©Camila Evia.

**BUENOS
AIRES
POETRY**

editorial@buenosairespoetry.com
www.buenosairespoetry.com

desalojo de la naturaleza

Juan ARABIA

Índice

El colibrí inadaptable:

La poesía anti-moderna de Juan Arabia,

por Víctor Rodríguez Núñez.

"Nos alejamos de la ciudad", advierte el primer verso de *Desalojo de la naturaleza*, el segundo libro de Juan Arabia (Buenos Aires, 1983). Pertenece al poema titulado "Juicio", un manifiesto basado en la afirmación de la naturaleza y la toma de partido por el salvaje. La obra de este joven poeta argentino realiza así uno de los viejos ritos de la poesía: la crítica de la modernidad. Mundo moderno, ese eufemismo que suele usarse para nombrar el orden social y cultural creado por la burguesía metropolitana a la medida de sus intereses. En este contexto, la poesía deviene "[e]l colibrí inadaptable… Púrpura,/ como el placer del límite, sediento/ como la destructora raíz del sauce" (Un colibrí en la bauhinia). Esa raíz es símbolo de poder transformador, de desafío radical al burgo y al civilizado: "Nuestra flauta quedó encerrada/en la raíz de un sauce:/ […] levantando calles y baldosas" (Juicio).

Arabia hace bien al rechazar la modernidad y, en particular, la que nos toca a los latinoamericanos, deformada y dependiente. Las élites en el poder participaron ayer del saqueo colonial, y participan hoy de la no menos cruenta e injusta explotación neocolonial. Crearon naciones para el beneficio de las antiguas y nuevas metrópolis y, por supuesto, su propio beneficio como intermediarios. Evocando ese contexto, nuestro poeta cuenta que "me alejé de tus calles como mis/ancestros se alejaron de Europa" (B. A.). Pero su posición es crítica del colonialismo y el neocolonialismo, y por esos nos conmina a que "olvidemos las sociedades de los ricos,/ y pasemos el resto de nuestros/ días entre lobos" (Inspiración en Jean de la Fontaine). La transformación social es percibida como un proceso natural: "Por aquí pasó la revolución,/ como pasaron las estaciones" (Ardennes), y es necesario "recuperar cada desalojo de la naturaleza" (B. A.).

Con este inquieto libro vuelve Arthur Rimbaud a romperse el alma en los caminos, reverdece la tradición por momentos marchita del poeta rebelde:

La esclavitud occidental, las ratas.
Acá mueren enfermos los sonidos
de cacería… Brota el húmedo aire
de la brisa en los círculos de rebelión.

No se trata de una rebeldía generacional porque, como se denuncia en "El poeta que enterró sus mentiras", mientras en los anaqueles se empolvan los libros de poesía, "el único resto de humanidad que queda", los jóvenes se emborrachan "abandonando toda idea de independencia". El desplazamiento a la naturaleza se realiza, esta vez, con conciencia de clase: "Pero no parezco un campesino:/ ahora entiendo que quiero destruir todo" (B. A.).

El sujeto poético de *Desalojo de la naturaleza* se reconoce como un intelectual, cuya función social y cultural es extender el horizonte, abrir "poderosas puertas espirituales,/ dentro del hombre y la naturaleza" (Hart Crane cae de un barco). Se trata de "[l]os nuevos horizontes, la caverna alternativa" (Caza espiritual) ante la represiva y opresiva modernidad. Hay un intento de rescatar el espíritu anti-burgués de Rimbaud, que parecía haberse extraviado: "¡Pensar que la Place Ducale,/ […] de día es un acueducto infinito/ de placeres burgueses!" (Salida por Charles Boutet). Los nuevos poetas deben ser, como el viejo autor de *Les illuminations*, "[t]odos bárbaros y todos malvados./ Pecadora condición de la naturaleza" (Condición). Deben ser "[l]os forajidos del canon,/ sí, bajando en cuatro patas/ desde la iglesia industrial" (Los forajidos del canon). Vienen a rebelarse, "y lanzamos el graznido salvaje/ sobre los tejados del mundo" (Los tejados del mundo).

Uno de los elementos fundamentales de la condición anti-moderna de la poesía de Arabia es su defensa de la continuidad. Rechaza tajantemente la "tradición de ruptura" que postulaba Octavio Paz como esencia de la poesía moderna. En verdad, ésta no existe porque la poesía se ha opuesto casi coralmente a la modernidad, donde todo le ha sido hostil al predominar lo material sobre lo espiritual, lo individual sobre lo colectivo, la utilidad sobre la belleza. Para el sujeto poético de *Desalojo de la naturaleza*, los poetas que valen la pena son "[v]iejos amigos la mayoría" (Amity). Así las cosas, se vive "[l]a misma noche de Blake, /en la que lobos y tigres aullaban/esperando encontrar su destino"; sobre todo, es "[l]a misma noche de Whitman,/ en la que describió las pálidas/ caras de los marginados" (Noche de Beddoes). El resultado es poder ver "[l]os antiguos bosques de sangre/ rejuvenecidos de nuevo por el sol" (Antiguos bosques de sangre).

En este bello libro la poesía se reconoce a sí misma, implícitamente, como anacronismo y superación, como anterior y posterior al tiempo y espacio moderno. Se considera además no como un género literario, porque sabe que surgió miles de años antes que la literatura, ese invento del siglo XVIII a manos, precisamente, de los heraldos de la modernidad. No se asume tampoco como un tipo de escritura, a la manera eurocéntrica, porque no se limita en su expresión a ese soporte y sigue siendo definida primordialmente por la oralidad. No se reduce a la razón porque, como enseñara el inolvidable Jorge Zalamea, indisolublemente ligadas desde los albores de la humanidad, "magia y poesía continúan siendo uno de los más consoladores recursos del espíritu para conjurar, superar y olvidar la adversidad". Y sobre todo, está el rechazo de esta poesía a toda ideología, al desnaturalizar lo artificial en su máxima expresión, la ciudad moderna.

Se dice que el segundo libro de un poeta es determinante porque, si es bueno, prueba que se toca la flauta no como el burro de la fábula, sino por auténtica necesidad del cuerpo y del alma, con lucidez y pasión. Sin lugar a dudas, *Desalojo de la naturaleza* no solo está a la altura de *El enemigo de los thirties* (2015 y 2017), libro que no ha pasado inadvertido y ha sido reeditado y traducido a varias lenguas, sino que lo supera en todos los aspectos. Vale la pena aclarar que también en este plano la continuidad se impone sobre la ruptura, porque solo se efectúan los cambios justificados, esos propios del crecimiento de una voz hacia la plenitud. Hay en consecuencia mayor profundidad de fondo, mayor madurez de pensamiento; y la precisión expresiva también aumenta, originándose un lenguaje poético más seguro de sí, más concentrado y depurado, y en definitiva más personal.

Por fortuna, el excelente libro de Juan Arabia que el lector tiene en sus manos toma distancia de las escuelas poéticas reconocibles, hoy, en la lengua española: la poesía de la experiencia y el neobarroco. En relación con la primera, se abre campo a la experiencia del otro, a la cultura y a la imaginación; en cuanto a la segunda, el significante nunca encubre el significado, jamás está en primer plano ni deviene protagonista. Lo que vemos en estas páginas en todo su esplendor es la poesía dialógica que trasciende por fin el romanticismo y el realismo en todas sus variantes, que reniega del solipsismo y genera un lector activo, participante en la producción de sentido. Un discurso lírico que no busca significar sino ser, construido sobre la base de la elipsis. Y donde abunda sobre todo eso que no se puede reducir a una explicación y que es el núcleo duro de la poesía: "Escuchen cómo/ los huracanes helados/ ahora emergen del rocío..." (Los forajidos del canon).

–Víctor Rodríguez Núñez
Gambier, 19 de septiembre de 2017.

desalojo
de la
naturaleza

Juicio

Nos alejamos de la ciudad,
infortunio, infortunio, etcétera.
En la que ya no hacemos
más canciones.

Nuestra flauta quedó encerrada
en la raíz de un sauce:
destruyendo el suelo,
levantando calles y baldosas.

Nos vamos lejos, amigos:
donde las vacas beben,
donde la savia fluye.

Nuestros versos necesitan
ser juzgados,
pero en tierras más salvajes…

El poeta que enterró sus mentiras

Ediciones de *Knopf*, Dylan
en los anaqueles de Blackwell.

Como si la literatura fuera
el único resto de humanidad que queda.

Las tierras altas de Edimburgo,
          la corona acéfala.

Cada paso es una constante pérdida:
dejé la lluvia en la joven Rose Street.

Los muchachos de Manchester
que bien dejaron la universidad

ahora se emborrachan,
abandonando toda idea de independencia.

Un colibrí en la bauhinia

En la rama más baja de bauhinia
descansa el negro azul color marino.
El colibrí inadaptable… Púrpura,
como el placer del límite, sediento
como la destructora raíz del sauce:

Néctar, Licor, *Hachís*: como el origen
del fuego. En América las flores
alimentan legiones… Brota el alga
del renacuajo, el grillo sacude banderas.

Ermitaño es el sol, como el maíz,
y el lugar donde el ave del silencio
canta. Inadaptable antes que el hierro,
el carbón, y el vapor de los corsarios,
en la rama más baja de bauhinia:

La esclavitud occidental, las ratas.
Acá mueren enfermos los sonidos
de cacería… Brota el húmedo aire
de la brisa en los círculos de rebelión.

En la rama más baja de bauhinia
descansa el negro azul color marino.
El colibrí inadaptable… Púrpura,

como el placer del límite, sediento
como la destructora raíz del sauce.

B. A.

Ciudad donde nací,
sucia como una esclava, escucha:

me alejé de tus calles como mis
ancestros se alejaron de Europa;

aturdido por tus depósitos
y por tus nuevos barrios...

Pero no parezco un campesino:
ahora entiendo que quiero destruir todo.

El interior se alimenta de tu barco ebrio.
Un solo propósito, una sola determinación:

recuperar cada desalojo de la naturaleza.
El bien y el mal, desde sus raíces.

Hart Crane
cae de un barco

Apagados labios
que celebran puertas espirituales,
esto no es una caída, es el legado:

tus delicados jinetes en la tormenta
vienen por vos, como vendrán por nosotros,
y ustedes, aquellos extraños.

Esto no es una caída.
Es el silencioso exilio
hacia la eternidad.

Es el horizonte que se extiende,
poderosas puertas espirituales,
dentro del hombre y la naturaleza.

Salida por Charles Boutet

En Parc Pierquin todavía siguen los festejos
por la aparición del santo blanco...

Guirnaldas y pájaros,
húmedos del primer rocío del atardecer,
caen de los árboles sin peso
sobre el silencio de la noche
de la provincia desierta.

¡Pensar que la Place Ducale,
centro y pulmón de la ciudad,
de día es un acueducto infinito
de placeres burgueses!

Por la noche, las carcajadas
persiguen las luces
al estilo Luis XVI:
unos jóvenes bandidos
improvisan el saqueo.

Mientras los cisnes descansan en el Meuse.
Las hojas caen por la Avenue Charles Boutet...

Ardennes

El camino a las Ardennes
comienza al noreste,
pasando por Reims y sus catedrales.
Las estaciones de tren
son frescas y solitarias,
y las visiones están pobladas
de campos y ríos, flores y cielos.

Aquí Rimbaud ancló su barco inmóvil.
Aquí Pelleport asesinó gallinas.
Por aquí pasó la revolución,
como pasaron las estaciones.
Charlatán-Châlonnais,
muy por detrás...
Y por delante las empinadas colinas
y los antiguos castillos...

El Meuse acaricia
las hojas secas
de Quai Jean Charcot,
cisnes blancos,
de Quai Arthur Rimbaud,
desgastados sauces,
y por la noche, en silencio,
enfrenta a Monthermé,

el castillo de Linchamps:
verdadera edad de hierro
cuyos días fueron contados
entre los más negros de su historia.

Condición

improba saecli conditio!

Todos bárbaros y todos malvados.
Pecadora condición de la naturaleza.

Desalojo de la naturaleza

Bajemos juntos a sentir el desalojo.
Escuchar el viento que se mueve
por encima del trigo:
la aguda guerra de metal.

Un estruendo de plata
corroe lo vivo,
separa a cada una de las cosas
que existen en el mundo.

Caen ahora los primeras gotas.
La fiera tormenta confederada
se afianza para siempre
dentro de los muros de las ciudades.

AMITY

Viejos amigos la mayoría...
Yeats admiró al joven Pound,
el epígrafe siempre es grande.

Pero no llueve en tu corazón,
como llueve sobre la ciudad.
Aunque en el campo te concedieron
las puertas más grandes:

esa que no iluminó el receptáculo
profesoral, y que ahora reseña
a aquellos mismos que mataron
en Baltimore a tu pequeño Dios:
siempre a mi lado, nunca del tuyo.

Te voilà, mon Bourrienne,
bienvenido al mundo de los inmortales.

-

Cabaret Vert

(Rimbaud por Ezra Pound)

Desgastando mis suelas, ocho días
en malas carreteras, llegué a Charleroi.
Pan y manteca, en el Cabaret Verde,
y el jamón medio frío.

Conseguí estirar mis piernas
mientras observaba el simple tapiz,
muy hermoso cuando la chica de grandes tetas
y animados ojos,

—a esa sí que no la asustaba un beso—,
trajo la manteca y el pan con una sonrisa
y el tibio jamón en un plato de colores,

jamón rosado, blanca grasa y un diente de ajo,
y una gran jarra de espumosa cerveza
dorada por el sol de esa atmósfera.

Anadiómena

(Rimbaud por Ezra Pound)

Como si hubiera estado debajo de un ataúd de hojalata verde,
la cabeza de una mujer de pelo aceitado y castaño
se levanta de un palco de teatro, lenta y estúpida,
con estragos más bien sin reparo.

Luego aparece el cuello graso y gris y los abultados omóplatos,
la corta espalda que se asoma y desaparece,
y la grasa, pesadas capas debajo de la piel,
sin más ayuda parece lista para emerger.

Los forajidos del canon

Los forajidos del canon,
sí, bajando en cuatro patas
desde la iglesia industrial,
lamiendo sus manos y piernas,
muriendo envenenados
por su propia decisión
       y voluntad.

No hay ninguno que descanse,
y como una jauría persiguen
       al cérvido blanco,
la *Animalia* más exótica.
"El barco es mío", "¡En el altar hay fuego!".

Depravados, pervertidores del lenguaje;
aullando en el gallinero de la prensa.
Hoy "la fama" sólo reclama un
"cambio de personal".

Forajidos del canon, sí,
con millas acumuladas
de prostitución y falsedad.
Huyendo de sus padres,
y sus hermanos,
olvidando todo exilio
       toda tormenta.

No. No vamos a olvidar
nuestra estadía en el campo;
ni los treinta años de retraso
que cedimos por dejarlos
prosperar, de pies a cabeza.

No. Nunca mataron al ciclamen
                    en verano.
Escuchen cómo
los huracanes helados
ahora emergen del rocío...

Antiguos bosques de sangre

Los antiguos bosques de sangre
rejuvenecidos de nuevo por el sol,
y todo lo verde y su savia,
y los cuencos cegados en lo más profundo.
Todos ellos, ahora despiertos, desterrando al fósil.
Imitando al canario de *Cwmdonkin Drive,*
para hacer del aire algo más blanco y puro
como los rastros de un conejo.

La primera vela aferrada al mástil
que el frío de hielo y de sal bañaron,
y las dársenas y sus cadenas,
y la tripulación entera del barco oscuro.
Todos ellos, ahora festivos, saltando al vacío.
Recordando al Albatros, la balada precisa.

El primer saco de manzanas
arrojado al profundo pozo de la vejez.
Y todo el néctar y su sangre,
y los incendios forestales.
Los antiguos bosques de sangre
ahora despiertos, enloquecidos,
como un cuervo expulsado de su nido frío
en la profunda noche encantada.

Inspiración en Jean de la Fontaine

*Dije: «voy a recorrer la tierra», y las barreras
de la servidumbre retrocedieron ante mí.*

—Marqués de Pelleport

Huyamos antes al corazón del bosque
y, viviendo de raíces y frutas silvestres,
olvidemos las sociedades de los ricos,
y pasemos el resto de nuestros
días entre lobos,
aullando sobre el infortunio
de la descendencia de Noé.

Premios

El galardón de la poesía, ¡hijo del medio de comunicación!
Los hijos del mundo. Gobiernos: vejestorios:
atestados de polvo, ¡conductos podridos, sardinas!
se enfrentan con la nueva tradición.
Blanca la nieve, los nudillos. Los pasos que separan
a el imposible poeta –que sin cabello– descansó en
su putrefacción.

Blackwater, 911

El mensajero Vikingo gritó ásperamente,
y arrojó hacia la costa de Wessex
el amenazante sonido de los hombres del mar.
El río purificaba la tierra, separaba una nueva batalla.

Cuando la gloria eterna era ya una melodía,
y las espadas se deslizaban en los campos de Brunanburgh.
Hasta que la gloriosa criatura se hundió en Occidente.
Lobos y cuervos devoraron los cuerpos caídos.

"Me envían audaces navegantes.
Ellos están listos para hacer una tregua.
Si les entregas anillos o brazaletes de oro,
regresarán sin pensar a sus naves".

"Te pagaremos un tributo, sí" – exclamó Byrhtnoth,
recordando la histórica derrota pagana.
"Pero no lo haremos con oro,
sino con viejas lanzas y espadas".

Así es cómo los lobos de la matanza
—una multitud de Vikingos—
avanzaron sobre la corriente pacífica.
Era el momento en el que los cristianos caían,

y cientos de cuervos volaban
en la composición de un bosque:
círculos negros de cielo goteando
como estalactitas de marfil.

Inspiración en Théophile Gautier

Sin las perpetuas quemaduras
de la vida en un viejo palomar,
París vive entonces en el fango,
arrojó sus días y sus noches a
las *sensaciones* de la Bohemia.
Y a menudo, entre licores,
lo sorprendió la aurora desatando
una máscara negra de terciopelo.

Una temporada en Oxford Street

> *Ce brouillard de Paris est fade,*
> *On dirait même qu'il est clair*
> *Au prix de cette promenade*
> *Que l'on appelle Leicester Square...*

> –Paul Verlaine, *Fog!*

Atravesé un corazón despierto como pocos.
Era un corazón sin fondo, sin piel,
y de un sonido inquietante.

Vive de la sangre de otros continentes,
Sweet Thames, run softly.
Y bajo el Támesis –donde las hojas de Eliot
reposan sobre la orilla,

donde las ramas caídas y el bronce
llevan el color de la lluvia–
fueron sepultadas las voces
que hoy se alzan en su contra.

Partieron las ninfas,
los halcones de King Cross.

Desde la rutina de Oxford Street,
hasta los caminos abiertos.

Aguas hinchadas, mareas alternas,
y ojerosas brumas
debajo del puente
donde las multitudes vagan:

Shakespeare, Coleridge, Chatterton,
(Y en su interior: Verlaine...
La espesa niebla de Leiceser Square).

Los tejados del mundo

¡C´est la vie, mort de la Mort!

—César Vallejo

¡Va!, nos orinan y cuentan nuestros pasos.
A nosotros que crecimos junto al sol,
y lanzamos el graznido salvaje
sobre los tejados del mundo.

Arrodillados, dentro de un charco negro y frío,
anclando nuestro destino,
anclando nuestras botellas.

Y como halcones dorados,
seres imperfectos, imprevistos,
enfrentemos la moribunda
condición de la naturaleza.

¡Va!, lancemos el último graznido.
Y todo por la eterna noche de carbón.
Todo por limpiar el fondo del estanque.

Homenaje

Ah, los huertos de Sexto Propercio,
donde caminamos descalzos
sacudiéndonos el rocío con los conejos.

¿Qué dirías ahora de aquellos
que siguen asentando las expansiones
del poder, ornamentos sin flores?

Hijos sin lira,
nada se acostumbrará a la extrañeza.
Nadie expondrá nuestro caso.

¿Qué dirías ahora, cuando tus canciones
finalmente no viajan, y todo se convierte
en ruina bajo el peso del sol y de los años?

Caza Espiritual

Los nuevos horizontes,
la caverna alternativa,
un viejo palomar lleno
de excrementos.

Nadie atraviesa como incógnito
el verdadero cementerio.
Batignolles, Montparnasse,
tus heridas son convencionales.

Escondidas almenas de la Eternidad.
Dama de campo, Naturaleza:
fúndete contra el rojo latido
del corazón al atardecer.

Noche de Beddoes

Como un enorme pájaro que se interpone
entre el sol y la especie,
llega la antigua noche
con su ojo nublado
y sus heladas de cangrejo.

La misma noche de Caedmon,
en la que los fugitivos tuvieron descanso.
La misma noche de Blake,
en la que lobos y tigres aullaban
esperando encontrar su destino.

Cae con una vista cegadora.
Cae sobre los hombres salvajes
que cantaron y bailaron sobre
la bahía verde,
las costas de su camino.

La misma noche de Whitman,
en la que describió las pálidas
caras de los marginados.
La misma noche de Beddoes,
que lanzó su plumaje de niebla.

Desalojo

Qué decía yo del desalojo.
Si estos cadáveres flotan
bajo el sol de Puerto Madero
respirando las últimas hojas de su vida.
La tumba está abierta de par en par.

La inmensa corriente
arrastra peces sin límites:
sábalos y bagres
se deslizan dormidos
sobre el último sueño.

Algunos flotan simplemente,
imitando el primer aleteo de su infancia.
La luz del sol es una espada, y sobre el muro
de Jericó palomas acorazadas
se posan respirando de su aliento.

Qué decía yo del desalojo.
Si no hay quietud en este encierro.
Una alfombra tramada
de musgos y cadáveres
se separa de la corriente,

ocultando a los cientos de peces
que arrojan su gusano grasiento.
El perfil del agua
tiene los ojos de una anguila
hambrienta y desesperada.

Qué decía yo del desalojo.
Si estos cadáveres flotan
bajo el sol de Puerto Madero
respirando las últimas hojas de su vida.
La tumba está abierta de par en par.

Enero, 2018
Impreso en Buenos Aires,

Buenos Aires Poetry
www.buenosairespoetry.com